Ma

Por

https://camp ...io/unitedlibrary

SCAN ME

Índice

Descargo de responsabilidad

Este libro biográfico es una obra de no ficción basada en la vida pública de una persona famosa. El autor ha utilizado información de dominio público para crear esta obra. Aunque el autor ha investigado a fondo el tema y ha intentado describirlo con precisión, no pretende ser un estudio exhaustivo del mismo. Las opiniones expresadas en este libro son exclusivamente las del autor y no reflejan necesariamente las de ninguna organización relacionada con el tema. Este libro no debe tomarse como un aval, asesoramiento legal o cualquier otra forma de consejo profesional. Este libro se ha escrito únicamente con fines de entretenimiento.

Introducción

Adéntrese en la apasionante vida y el legado de Malcolm X, una figura enigmática e influyente que se erigió en una de las principales voces del movimiento por los derechos civiles. El libro de Malcolm X ofrece una exploración exhaustiva de su viaje transformador de joven problemático a carismático activista de los derechos humanos, arrojando luz sobre las complejidades de sus creencias, acciones e impacto duradero.

Nacido Malcolm Little, vivió una infancia turbulenta marcada por la muerte de su padre, la hospitalización de su madre y una serie de hogares de acogida. Su trayectoria le llevó por un tumultuoso periodo de actividades delictivas, que culminó con una condena a prisión que se convirtió en un punto de inflexión. Al unirse a la Nación del Islam, recuperó su identidad como Malcolm X, convirtiéndose en un poderoso defensor de la autonomía de los negros y del avance del Islam en la comunidad negra. Desafió el statu quo, criticando a Martin Luther King Jr. y al movimiento de derechos civiles dominante, e instando a la separación racial.

A lo largo de su evolución, las ideas y convicciones de Malcolm X fueron madurando. Una peregrinación transformadora a La Meca le inspiró un profundo cambio hacia el Islam suní y un compromiso con la unidad de los afrodescendientes de todo el mundo. La desilusión con la Nación del Islam le impulsó a crear nuevas organizaciones que defendían la inclusividad y el panafricanismo.

Su prematuro asesinato en 1965 dejó un vacío en el movimiento, suscitando debates sobre su legado. Celebrado por algunos como un héroe y criticado por otros como un divisor, Malcolm X sigue siendo una figura indeleble que desafió la conciencia de la nación. Este libro traza un vívido retrato de su extraordinaria trayectoria, destacando su valentía al enfrentarse a la injusticia racial y abogar por el cambio. Desde su feroz defensa hasta su controvertida retórica, este libro capta la esencia de un hombre cuyo legado sigue inspirando conversaciones sobre la igualdad, la justicia y la lucha permanente por los derechos civiles.

Malcolm X

Malcolm X (nacido Malcolm Little, más tarde el-Hajj Malik el-Shabazz; 19 de mayo de 1925 - 21 de febrero de 1965) fue un ministro musulmán estadounidense y activista de los derechos humanos que ocupó un lugar destacado durante el movimiento por los derechos civiles. Portavoz de la Nación del Islam hasta 1964, fue un firme defensor de la autonomía de los negros y de la promoción del islam dentro de la comunidad negra. En 1965 se publicó su autobiografía póstuma, en la que colaboró con Alex Haley.

Malcolm pasó su adolescencia viviendo en una serie de hogares de acogida o con parientes tras la muerte de su padre y la hospitalización de su madre. Cometió varios delitos, siendo condenado a 10 años de prisión en 1946 por hurto y robo. En prisión, se unió a la Nación del Islam, adoptando el nombre de Malcolm X para simbolizar su desconocido apellido ancestral africano y descartando "el nombre de esclavista blanco de 'Little'", y tras su libertad condicional en 1952 se convirtió rápidamente en uno de los líderes más influyentes de la organización. Fue la cara pública de la organización durante 12 años, abogando por el empoderamiento de los negros y la separación de los estadounidenses blancos y negros, y criticando a Martin Luther King Jr. y a la corriente principal del movimiento por los derechos civiles por su énfasis en la no violencia y la integración racial. Malcolm X también expresó su orgullo por algunos de los logros de la Nación en materia de bienestar social, como su programa gratuito de rehabilitación de drogadictos. A partir de la década de 1950, Malcolm X fue objeto de vigilancia por parte de la Oficina Federal de Investigación (FBI).

En la década de 1960, Malcolm X empezó a desilusionarse con la Nación del Islam y con su líder, Elijah Muhammad. Tras completar el Hajj a La Meca, abrazó el Islam suní y el movimiento por los derechos civiles, y pasó a ser conocido como "el-Hajj Malik el-Shabazz", que se traduce aproximadamente como "El Peregrino Malcolm el Patriarca". Tras un breve periodo de viajes por África, renunció públicamente a la Nación del Islam y fundó la Mezquita Islámica Musulmana, Inc. (MMI) y la Organización Panafricana de Unidad Afroamericana (OAAU). A lo largo de 1964, su conflicto con la Nación del Islam se intensificó y recibió repetidas amenazas de muerte. El 21 de febrero de 1965 fue asesinado en Nueva York. Tres miembros de la Nación fueron acusados del asesinato y condenados a cadena perpetua indeterminada; en 2021, dos de las condenas fueron anuladas. Durante décadas se ha especulado sobre el asesinato y sobre si fue concebido o contó con la ayuda de miembros destacados o adicionales de la Nación, o con la de las fuerzas del orden.

Figura controvertida acusada de predicar el racismo y la violencia, Malcolm X es también una figura muy celebrada en las comunidades afroamericana y musulmana estadounidense por su búsqueda de la justicia racial. Se le rindió homenaje póstumo con el Día de Malcolm X, en el que se le conmemora en varias ciudades de Estados Unidos. Cientos de calles y escuelas de Estados Unidos han sido rebautizadas en su honor, mientras que el Audubon Ballroom, el lugar de su asesinato, fue parcialmente remodelado en 2005 para albergar el Malcolm X and Dr. Betty Shabazz Memorial and Educational Center.

Primeros años

Malcolm X nació el 19 de mayo de 1925 en Omaha, Nebraska, el cuarto de los siete hijos de Louise Helen Little (de soltera Langdon), nacida en Granada, y Earl Little, nacido en Georgia. Earl era un franco orador laico bautista, y Louise y él eran admiradores del activista panafricano Marcus Garvey. Earl era un líder local de la Universal Negro Improvement Association (UNIA) y Louise ejercía de secretaria y "reportera de rama", enviando noticias de las actividades locales de la UNIA a *Negro World*; inculcaron a sus hijos la autosuficiencia y el orgullo negro. Malcolm X dijo más tarde que la violencia blanca mató a cuatro hermanos de su padre.

Debido a las amenazas del Ku Klux Klan, se dijo que las actividades de Earl en la UNIA estaban "sembrando problemas" y la familia se trasladó en 1926 a Milwaukee, y poco después a Lansing, Michigan. Allí, la familia sufrió el acoso frecuente de la Legión Negra, un grupo racista blanco al que Earl acusó de quemar su casa familiar en 1929.

Cuando Malcolm tenía seis años, su padre murió en lo que oficialmente se ha considerado un accidente de tranvía, aunque su madre Louise creía que Earl había sido asesinado por la Legión Negra. Los rumores de que los racistas blancos eran los responsables de la muerte de su padre circularon ampliamente y fueron muy inquietantes para Malcolm X de niño. De adulto, expresó creencias contradictorias sobre la cuestión. Tras una disputa con los acreedores, Louise recibió una prestación del seguro de vida (nominalmente 1.000 $ -unos 19.000 $ en 2022-) en pagos de 18 $ al mes; el emisor de otra póliza mayor se negó a pagar, alegando que su marido Earl se había suicidado. Para llegar a fin de mes, Louise alquiló parte de su jardín y sus hijos se dedicaron a la caza.

Durante la década de 1930, adventistas blancos del Séptimo Día dieron testimonio a la familia Little; más tarde, Louise Little y su hijo Wilfred fueron bautizados en la Iglesia Adventista del Séptimo Día.

En 1937, un hombre con el que Louise había estado saliendo -el matrimonio parecía una posibilidad- desapareció de su vida cuando se quedó embarazada de él. A finales de 1938, sufrió una crisis nerviosa y fue ingresada en el Hospital Estatal de Kalamazoo. Los niños fueron separados y enviados a hogares de acogida. Malcolm y sus hermanos consiguieron liberarla 24 años después.

Malcolm asistió a la West Junior High School de Lansing y luego a la Mason High School de Mason, Michigan, pero dejó el instituto en 1941, antes de graduarse. Destacó en el primer ciclo de secundaria, pero abandonó el instituto después de que un profesor blanco le dijera que ejercer la abogacía, su aspiración en aquel momento, "no era un objetivo realista para un negro". Más tarde, Malcolm X recordó que sentía que el mundo blanco no ofrecía lugar para un negro orientado a la carrera, independientemente de su talento.

De los 14 a los 21 años, Malcolm desempeñó diversos trabajos mientras vivía con su hermanastra Ella Little-Collins en Roxbury, un barrio de Boston de mayoría afroamericana.

Tras una breve estancia en Flint (Michigan), en 1943 se trasladó al barrio neoyorquino de Harlem, donde encontró trabajo en el ferrocarril New Haven y se dedicó al tráfico de drogas, el juego, el chantaje, el robo y el proxenetismo. Según su biógrafo Bruce Perry, Malcolm también mantenía relaciones sexuales ocasionales con otros hombres, normalmente por dinero, aunque esta conjetura ha sido rebatida por quienes le conocieron. Se hizo amigo de John Elroy Sanford, un compañero que lavaba platos en el Jimmy's Chicken Shack de Harlem y que aspiraba a ser cómico profesional. Ambos tenían el pelo rojizo, por lo que a Sanford le llamaban "Chicago Red" por su ciudad natal, y a Malcolm se le conocía como "Detroit Red". Años más tarde, Sanford se hizo famoso como el cómico y actor Redd Foxx.

Convocado por la junta local de reclutamiento para el servicio militar en la Segunda Guerra Mundial, fingió trastornos mentales divagando y declarando: "Quiero que me envíen al Sur. Organizar a los soldados negros... robarnos algunas armas y matarnos [a algunos] chiflados". Fue declarado "mentalmente incapacitado para el servicio militar".

A finales de 1945, Malcolm regresó a Boston, donde él y cuatro cómplices cometieron una serie de robos contra familias blancas adineradas. En 1946, fue detenido mientras recogía un reloj robado que había dejado en un taller para su reparación, y en febrero comenzó a cumplir una condena de ocho a diez años en la Prisión Estatal de Charlestown por hurto y allanamiento de morada. Dos años después, Malcolm fue trasladado a la colonia penitenciaria de Norfolk (también en Massachusetts).

Periodo de la Nación del Islam

Prisión

Cuando Malcolm estaba en la cárcel, conoció a su compañero de prisión John Bembry, un hombre autodidacta al que más tarde describiría como "el primer hombre al que había visto imponer un respeto total... con palabras". Bajo la influencia de Bembry, Malcolm desarrolló un voraz apetito por la lectura.

En esa época, varios de sus hermanos le escribieron sobre la Nación del Islam, un movimiento religioso relativamente nuevo que predicaba la autosuficiencia de los negros y, en última instancia, el regreso de la diáspora africana a África, donde se liberarían de la dominación blanca estadounidense y europea. Al principio mostró escaso interés, pero después de que su hermano Reginald escribiera en 1948: "Malcolm, no comas más cerdo y no fumes más cigarrillos. Te enseñaré cómo salir de la cárcel", dejó de fumar y empezó a rechazar el cerdo.

Tras una visita en la que Reginald le describió las enseñanzas del grupo, incluida la creencia de que los blancos son demonios, Malcolm llegó a la conclusión de que todas las relaciones que había tenido con los blancos habían estado contaminadas por la deshonestidad, la injusticia, la codicia y el odio. Malcolm, cuya hostilidad al cristianismo le había valido el apodo de "Satanás" en la cárcel, se volvió receptivo al mensaje de la Nación del Islam.

A finales de 1948, Malcolm escribió a Elijah Muhammad, el líder de la Nación del Islam. Muhammad le aconsejó que renegara de su pasado, se inclinara humildemente en oración ante Dios y prometiera no volver a tener un comportamiento destructivo. Aunque más tarde recordó la lucha interior que tuvo antes de doblar las rodillas para rezar, Malcolm pronto se hizo miembro de la Nación del Islam, manteniendo una correspondencia regular con Muhammad.

En 1950, el FBI abrió un expediente a Malcolm después de que escribiera una carta desde la cárcel al Presidente Truman expresando su oposición a la guerra de Corea y declarándose comunista. Ese año también empezó a firmar con su nombre "Malcolm X". Muhammad dio instrucciones a sus seguidores para que dejaran atrás sus apellidos cuando se unieran a la Nación del Islam y utilizaran "X" en su lugar. Cuando llegara el momento, después de que hubieran demostrado su sinceridad, dijo, revelaría el "nombre original" del musulmán. En su autobiografía, Malcolm X explicó que la "X" simbolizaba el verdadero apellido africano que él nunca pudo conocer. "Para mí, mi "X" sustituyó al nombre de esclavista blanco de "Little" que algún demonio de ojos azules llamado Little había impuesto a mis antepasados paternos".

Primeros años de ministerio

Tras obtener la libertad condicional en agosto de 1952, Malcolm X visitó a Elijah Muhammad en Chicago. En junio de 1953, fue nombrado ministro adjunto del Templo Número Uno de la Nación en Detroit. Ese mismo año, fundó el Templo Número 11 de Boston; en marzo de 1954, amplió el Templo Número 12 de Filadelfia; y dos meses más tarde fue elegido para dirigir el Templo Número 7 de Harlem, donde amplió rápidamente el número de miembros.

En 1953, el FBI comenzó a vigilarle, desviando su atención de las posibles asociaciones comunistas de Malcolm X a su rápido ascenso en la Nación del Islam.

Durante 1955, Malcolm X continuó con su exitoso reclutamiento de miembros en nombre de la Nación del Islam. Estableció templos en Springfield, Massachusetts (número 13); Hartford, Connecticut (número 14); y Atlanta (número 15). Cientos de afroamericanos se unían a la Nación del Islam cada mes.

Además de su habilidad como orador, Malcolm X tenía una presencia física impresionante. Medía 1,91 m y pesaba 82 kg. Un escritor lo describió como "de constitución poderosa", y otro como "hipnotizadoramente guapo... y siempre impecablemente bien peinado".

Matrimonio y familia

En 1955, Betty Sanders conoció a Malcolm X después de una de sus conferencias, y de nuevo en una cena. En 1956 se afilió a la Nación del Islam y cambió su nombre por el de Betty X. Las citas personales eran contrarias a las enseñanzas de la Nación, por lo que la pareja se cortejaba en actos sociales con docenas o cientos de personas, y Malcolm X se empeñaba en invitarla a las frecuentes visitas en grupo que realizaba a los museos y bibliotecas de Nueva York.

Malcolm X le propuso matrimonio durante una llamada telefónica desde Detroit en enero de 1958, y se casaron dos días después. Tuvieron seis hijas: Attallah (nacida en 1958; en árabe significa "regalo de Dios"; tal vez llamada así por Atila el Huno); Qubilah (nacida en 1960, llamada así por Kublai Khan); Ilyasah (nacida en 1962, llamada así por Elijah Muhammad); Gamilah Lumumba (nacida en 1964, llamada así por Gamal Abdel Nasser y Patrice Lumumba); y las gemelas Malikah (nacida en 1964, llamada así por Gamal Abdel Nasser y Patrice Lumumba). 1964, en honor de Gamal Abdel Nasser y Patrice Lumumba); y las gemelas Malikah (1965-2021) y Malaak

(1965, ambas nacidas tras la muerte de su padre y llamadas así en su honor).

Incidente de Hinton Johnson

El público estadounidense conoció por primera vez a Malcolm X en 1957, después de que dos policías de Nueva York golpearan a Hinton Johnson, miembro de la Nación del Islam. El 26 de abril, Johnson y otros dos transeúntes -también miembros de la Nación del Islam- vieron cómo los agentes golpeaban a un afroamericano con porras. Cuando intentaron intervenir gritando: "No estáis en Alabama... ¡esto es Nueva York!", uno de los agentes se abalanzó sobre Johnson y le propinó tal paliza que sufrió contusiones cerebrales y hemorragia subdural. Los cuatro hombres afroamericanos fueron detenidos.

Alertados por un testigo, Malcolm X y un pequeño grupo de musulmanes se dirigieron a la comisaría y exigieron ver a Johnson. Al principio, la policía negó que hubiera musulmanes retenidos, pero cuando la multitud llegó a unos quinientos, permitieron que Malcolm X hablara con Johnson. Después, Malcolm X insistió en conseguir una ambulancia para llevar a Johnson al hospital de Harlem.

Johnson fue atendido y, cuando regresó a la comisaría, unas cuatro mil personas se habían congregado en el exterior. Dentro de la comisaría, Malcolm X y un abogado estaban tramitando la fianza de dos de los musulmanes.

Johnson no salió bajo fianza y la policía le dijo que no podía volver al hospital hasta su comparecencia al día siguiente. Al considerar que la situación estaba en punto muerto, Malcolm X salió de la comisaría e hizo una señal con la mano a la multitud. Los miembros de Nation se marcharon en silencio, tras lo cual el resto de la multitud también se dispersó.

Un oficial de policía dijo al *New York Amsterdam News*: "Ningún hombre debería tener tanto poder". En el plazo de un mes, el Departamento de Policía de Nueva York dispuso mantener a Malcolm X bajo vigilancia; también hizo averiguaciones con las autoridades de otras ciudades en las que había vivido y prisiones en las que había cumplido condena. Un gran jurado se negó a acusar a los agentes que golpearon a Johnson. En octubre, Malcolm X envió un telegrama furioso al comisario de policía. Pronto el departamento de policía asignó agentes encubiertos para infiltrarse en la Nación del Islam.

Mayor protagonismo

A finales de la década de 1950, Malcolm X utilizaba un nuevo nombre, Malcolm Shabazz o Malik el-Shabazz, aunque se seguía haciendo referencia a él como Malcolm X. Sus comentarios sobre temas y acontecimientos se difundían ampliamente en prensa, radio y televisión, y apareció en 1959 en un programa de televisión de Nueva

York sobre la Nación del Islam, *The Hate That Hate Produced*.

En septiembre de 1960, en la Asamblea General de las Naciones Unidas en Nueva York, Malcolm X fue invitado a los actos oficiales de varias naciones africanas. Se reunió con Gamal Abdel Nasser, de Egipto, Ahmed Sékou Touré, de Guinea, y Kenneth Kaunda, del Congreso Nacional Africano de Zambia. Fidel Castro también asistió a la Asamblea, y Malcolm X se reunió públicamente con él como parte de un comité de bienvenida formado por líderes de la comunidad de Harlem. Castro quedó lo suficientemente impresionado con Malcolm X como para sugerir una reunión privada y, tras dos horas de conversación, Castro invitó a Malcolm X a visitar Cuba.

Defensa y enseñanzas en el país

Desde que adoptó la Nación del Islam en 1952 hasta que rompió con ella en 1964, Malcolm X promovió las enseñanzas de la Nación. Estas incluían creencias:

- que los negros son los pueblos originarios del mundo
- que los blancos son "demonios" y
- que la desaparición de la raza blanca es inminente.

Louis E. Lomax dijo que "quienes no entienden la profecía bíblica lo tachan erróneamente de racista y de enseñar a odiar, de ser antiblanco o de enseñar la supremacía negra". Uno de los objetivos del movimiento por los derechos civiles era acabar con la privación de derechos de los afroamericanos, pero la Nación del Islam prohibió a sus miembros participar en las votaciones y otros aspectos del proceso político. La NAACP y otras organizaciones de derechos civiles lo denunciaron a él y a la Nación del Islam como extremistas irresponsables cuyas opiniones no representaban los intereses comunes de los afroamericanos.

Malcolm X fue igualmente crítico con el movimiento por los derechos civiles. Calificó a Martin Luther King Jr. de "bobo" y dijo que otros líderes de los derechos civiles eran "títeres" de la clase dirigente blanca. Calificó la Marcha sobre Washington de 1963 como "la farsa de Washington" y dijo que no sabía por qué tantos negros estaban entusiasmados con una manifestación "dirigida por blancos ante la estatua de un presidente que lleva muerto cien años y al que no le gustábamos cuando estaba vivo".

Mientras el movimiento por los derechos civiles luchaba contra la segregación racial, Malcolm X abogaba por la separación total de los afroamericanos de los blancos. Propuso que los afroamericanos regresaran a África y que, mientras tanto, se creara un país separado para los negros en Estados Unidos. Rechazó la estrategia de no violencia del movimiento por los derechos civiles, argumentando que los negros debían defenderse y avanzar "por cualquier medio necesario". Sus discursos tuvieron un poderoso efecto en su público, generalmente afroamericanos de las ciudades del norte y del oeste. Muchos de ellos -cansados de que se les dijera que esperaran la libertad, la justicia, la igualdad y el respeto- pensaban que él articulaba mejor sus quejas que el movimiento de derechos civiles.

Antisemitismo

Malcolm X ha sido ampliamente acusado de ser antisemita. Su autobiografía contiene varias "acusaciones antisemitas y caricaturas de judíos". Alex Haley, coautor de la autobiografía, tuvo que reescribir parte del libro para eliminar del manuscrito varias afirmaciones negativas sobre los judíos. Malcolm X creía que el texto antisemita inventado *Los protocolos de los sabios de Sión* era auténtico y lo presentó a los miembros de la NOI, al tiempo que acusaba al pueblo judío de "perfeccionar el mal moderno" del neocolonialismo. Contribuyó a cambiar la imagen que la comunidad negra tenía del Holocausto, trivializándolo y afirmando que los judíos "se lo buscaron".

En 1961, Malcolm X habló en un mitin de la NOI junto a George Lincoln Rockwell, jefe del Partido Nazi estadounidense. Rockwell afirmaba que existía un solapamiento entre el nacionalismo negro y la supremacía blanca. Las declaraciones negativas de Malcolm X sobre los judíos continuaron incluso cerca de su muerte.

Efecto sobre la pertenencia a una nación

Malcolm X es considerado el segundo líder más influyente de la Nación del Islam después de Elijah Muhammad. A él se atribuye en gran medida el espectacular aumento del número de miembros del grupo entre principios de la década de 1950 y principios de la de 1960 (de 500 a 25.000 según una estimación; de 1.200 a 50.000 o 75.000 según otra).

En enero de 1964, Ali llevó a Malcolm X y a su familia a Miami para verle entrenar para su combate contra Sonny Liston. Cuando Malcolm X abandonó la Nación del Islam, intentó convencer a Ali (que acababa de ser rebautizado por Elijah Muhammad) para que se convirtiera al islam suní, pero Ali rompió los lazos con él y más tarde describió esta ruptura como uno de sus mayores pesares.

Malcolm X fue mentor y guía de Louis X (más tarde conocido como Louis Farrakhan), que acabó convirtiéndose en el líder de la Nación del Islam. Malcolm X también fue mentor y confidente del hijo de Elijah

Muhammad, Wallace D. Muhammad; el hijo le habló a Malcolm X de su escepticismo ante el "enfoque poco ortodoxo" del Islam de su padre. Wallace Muhammad fue excomulgado de la Nación del Islam en varias ocasiones, aunque finalmente fue readmitido.

Desilusión y abandono

Durante 1962 y 1963, los acontecimientos llevaron a Malcolm X a replantearse su relación con la Nación del Islam y, en particular, con su líder, Elijah Muhammad.

Falta de respuesta de la Nación del Islam a la violencia de la policía de Los Ángeles

A finales de 1961, se produjeron violentos enfrentamientos entre los miembros de la Nación del Islam y la policía en South Central Los Ángeles, y numerosos musulmanes fueron detenidos. Fueron absueltos, pero las tensiones habían aumentado. Justo después de la medianoche del 27 de abril de 1962, dos agentes de la policía de Los Ángeles, sin provocación alguna, empujaron y golpearon a varios musulmanes en el exterior del Templo Número 27. Una gran multitud de musulmanes enfurecidos salió de la mezquita y los agentes intentaron intimidarlos.

Un agente fue desarmado; su compañero recibió un disparo en el codo por parte de un tercer agente. Llegaron más de 70 agentes de refuerzo que entonces asaltaron la mezquita y golpearon aleatoriamente a los miembros de la Nación del Islam. Los policías dispararon a siete musulmanes, entre ellos William X Rogers, que recibió un impacto en la espalda y quedó paralítico de por vida, y Ronald Stokes, veterano de la guerra de Corea, al que dispararon por la espalda mientras levantaba las manos por encima de la cabeza para rendirse, matándolo.

Varios musulmanes fueron acusados tras el suceso, pero no se presentaron cargos contra la policía. El juez de instrucción dictaminó que el asesinato de Stokes estaba justificado. Para Malcolm X, la profanación de la mezquita y la violencia asociada exigían acción, y utilizó lo que Louis X (más tarde Louis Farrakhan) llamó más tarde su "pasado de gángster" para reunir a los miembros más endurecidos de la Nación del Islam para vengarse violentamente de la policía.

Malcolm X buscó la aprobación de Elijah Muhammad, que se la negó, lo que dejó atónito a Malcolm X. Malcolm X fue bloqueado de nuevo por Elijah Muhammad cuando habló de que la Nación del Islam empezara a trabajar con organizaciones de derechos civiles, políticos negros locales y grupos religiosos. Louis X vio esto como un importante punto de inflexión en la deteriorada relación entre Malcolm X y Muhammad.

Mala conducta sexual de Elijah Muhammad

Circulaban rumores de que Muhammad mantenía relaciones extramatrimoniales con jóvenes secretarias de la Nación, lo que constituiría una grave violación de las enseñanzas de la Nación. Tras descartar en un principio los rumores, Malcolm X llegó a creerlos después de hablar con Wallace, el hijo de Muhammad, y con las chicas que hacían las acusaciones. Muhammad confirmó los rumores en 1963, intentando justificar su comportamiento haciendo referencia a los precedentes establecidos por los profetas bíblicos.

En una serie de entrevistas televisadas a nivel nacional entre 1964 y 1965, Malcolm X dio testimonio de su investigación, corroboración y confirmación por el propio Elijah Muhammed de múltiples cargos de violación de menores. Durante esta investigación, se enteró de que siete de las ocho niñas habían quedado embarazadas como consecuencia de ello. También reveló un atentado contra su vida, a través de un artefacto explosivo descubierto en su coche, así como las amenazas de muerte que estaba recibiendo, en respuesta a su denuncia de Elijah Muhammad.

Comentarios sobre el asesinato de Kennedy

El 1 de diciembre de 1963, cuando se le pidió que comentara el asesinato de John F. Kennedy, Malcolm X dijo que era un caso de "gallinas que vuelven a casa a descansar". Añadió que "las gallinas que vuelven a casa nunca me han entristecido; siempre me han alegrado". Asimismo, según *The New York Times*:

[En otra crítica al Sr. Kennedy, el líder musulmán citó los asesinatos de Patrice Lumumba, líder del Congo, de Medgar Evers, líder de los derechos civiles, y de las chicas negras bombardeadas a principios de año en una iglesia de Birmingham. Estos, dijo, fueron ejemplos de otros "pollos que vuelven a casa para desovar".

Las declaraciones provocaron una protesta pública generalizada. La Nación del Islam, que había enviado un mensaje de condolencia a la familia Kennedy y ordenado a sus ministros que no hicieran comentarios sobre el asesinato, censuró públicamente a su antigua estrella. Malcolm X conservó su puesto y su rango de ministro, pero se le prohibió hablar en público durante 90 días.

La atención de los medios a Malcolm X por encima de Muhammad

Malcolm X se había convertido en uno de los favoritos de los medios de comunicación y algunos miembros de la Nación creían que era una amenaza para el liderazgo de Muhammad. Los editores habían mostrado interés por la autobiografía de Malcolm X y, cuando Louis Lomax escribió su libro de 1963 sobre la Nación, *When the Word Is Given*, utilizó una fotografía de Malcolm X en la portada. También reprodujo cinco de sus discursos, pero sólo incluyó uno de los de Muhammad, lo que molestó mucho a Muhammad y le provocó envidia.

Salida de la Nación del Islam

El 8 de marzo de 1964, Malcolm X anunció públicamente su ruptura con la Nación del Islam. Aunque seguía siendo musulmán, consideraba que la Nación había "llegado tan lejos como podía" debido a sus rígidas enseñanzas. Dijo que planeaba organizar una organización nacionalista negra para "aumentar la conciencia política" de los afroamericanos. También expresó su deseo de trabajar con otros líderes de los derechos civiles, afirmando que Elijah Muhammad se lo había impedido en el pasado.

With conked-up hair and zoot suit, Malcolm at 15 began hustling career.

Actividad tras abandonar la Nación del Islam

Tras abandonar la Nación del Islam, Malcolm X fundó Muslim Mosque, Inc. (MMI), una organización religiosa, y la Organization of Afro-American Unity (OAAU), un grupo laico que abogaba por el panafricanismo. El 26 de marzo de 1964, se reunió brevemente con Martin Luther King Jr. por primera y única vez -y sólo el tiempo suficiente para hacerse fotografías- en Washington, D.C., cuando ambos asistían al debate del Senado sobre el proyecto de ley de Derechos Civiles en el edificio del Capitolio de Estados Unidos.

En abril, Malcolm X pronunció un discurso titulado "The Ballot or the Bullet" ("La papeleta o la bala"), en el que aconsejaba a los afroamericanos que ejercieran su derecho al voto con prudencia, pero advertía que si el gobierno seguía impidiendo que los afroamericanos alcanzaran la plena igualdad, podría ser necesario que tomaran las armas.

En las semanas posteriores a su salida de la Nación del Islam, varios musulmanes suníes animaron a Malcolm X a conocer su fe. Pronto se convirtió a la fe suní.

Peregrinación a La Meca

En abril de 1964, con la ayuda económica de su hermanastra Ella Little-Collins, Malcolm X voló a Yeda, Arabia Saudí, como inicio de su Hajj, la peregrinación a La Meca obligatoria para todo musulmán que pueda hacerlo. Se retrasó en Yeda cuando su ciudadanía estadounidense y su incapacidad para hablar árabe hicieron que se cuestionara su condición de musulmán.

Había recibido el libro de Abdul Rahman Hassan Azzam *El mensaje eterno de Mahoma* con la aprobación de su visado, y se puso en contacto con el autor. El hijo de Azzam organizó su liberación y le prestó su suite personal del hotel. A la mañana siguiente, Malcolm X se enteró de que el príncipe Faisal le había designado huésped de Estado. Varios días después, tras completar los rituales del Hajj, Malcolm X tuvo una audiencia con el príncipe.

Malcolm X dijo más tarde que ver a musulmanes de "todos los colores, desde rubios de ojos azules hasta africanos de piel negra" interactuando como iguales le llevó a ver el islam como un medio para superar los problemas raciales.

Visita a El Cairo

Malcolm X ya había visitado la República Árabe Unida (una efímera unión política entre Egipto y Siria), Sudán, Nigeria y Ghana en 1959 para hacer los preparativos de una gira por África de Elijah Muhammad. Tras su viaje a La Meca en 1964, visitó África por segunda vez. Regresó a Estados Unidos a finales de mayo y volvió a África en julio. Durante estas visitas se reunió con funcionarios, concedió entrevistas y habló por radio y televisión en Egipto, Etiopía, Tanganica, Nigeria, Ghana, Guinea, Sudán, Senegal, Liberia, Argelia y Marruecos.

En El Cairo, asistió a la segunda reunión de la Organización para la Unidad Africana como representante de la OAAU. Al final de esta tercera visita, se había reunido prácticamente con todos los líderes africanos destacados; Kwame Nkrumah, de Ghana, Gamal Abdel Nasser, de Egipto, y Ahmed Ben Bella, de Argelia, habían invitado a Malcolm X a formar parte de sus gobiernos. Tras pronunciar un discurso en la Universidad de Ibadán, la Asociación de Estudiantes Musulmanes de Nigeria le otorgó el nombre honorífico yoruba de *Omowale* ("el hijo que ha vuelto a casa"). Más tarde lo calificó como su honor más preciado.

Malcolm odiaba especialmente a Moïse Tshombe del Congo por considerarlo una figura del "Tío Tom". En un discurso pronunciado en 1964 en Nueva York, llamó a Tshombe "el peor africano jamás nacido" y "el hombre que a sangre fría, sangre fría, cometió un crimen internacional: asesinó a Patrice Lumumba". La decisión de Tshombe en 1964 de contratar mercenarios blancos para sofocar la rebelión de los Simba ofendió mucho a Malcolm, que acusó a los mercenarios de cometer crímenes de guerra contra los congoleños.

Francia y Reino Unido

El 23 de noviembre de 1964, de regreso de África, Malcolm X hizo escala en París, donde habló en la Salle de la Mutualité. Tras su regreso a Estados Unidos, acusó a Estados Unidos de imperialismo en el Congo al apoyar a Tshombe y a "sus asesinos a sueldo", como llamó a los mercenarios blancos. X acusó a Tshombe y al presidente estadounidense Lyndon B. Johnson de "...acostarse juntos. Cuando digo acostarse, no lo digo literalmente. Pero más allá de eso, están en la misma cama. Johnson está pagando los sueldos, pagando al gobierno, apuntalando al gobierno de Tshombe, este asesino".

X expresó su enfado por la Operación Dragón Rojo, en la que la Fuerza Aérea de Estados Unidos lanzó paracaidistas belgas en la ciudad de Stanleyville, la actual Kisangani, para rescatar a los rehenes belgas blancos de los Simbas. Malcolm X sostuvo que había un doble rasero cuando se trataba de vidas blancas y negras, señalando que era una emergencia internacional cuando las vidas de los blancos estaban en peligro, lo que hacía necesario el Dragon

Rouge, pero que no se hizo nada para detener los abusos de los congoleños a manos de "los asesinos a sueldo de Tshombe". X denunció que los "congoleños han sido masacrados por los blancos durante años y años" y que "las gallinas tienen casa para asarse".

Una semana después, el 30 de noviembre, Malcolm X voló al Reino Unido. El 3 de diciembre participó en un debate en la Oxford Union Society. La moción estaba tomada de una declaración realizada a principios de ese año por el candidato a la presidencia de Estados Unidos Barry Goldwater: "El extremismo en la defensa de la libertad no es un vicio; la moderación en la búsqueda de la justicia no es una virtud". Malcolm X se pronunció por la afirmativa, y el interés por el debate fue tan grande que la BBC lo televisó a escala nacional.

En su discurso en Oxford, Malcolm rechazó la etiqueta de "musulmán negro" y en su lugar se centró en ser un musulmán que casualmente era negro, lo que reflejaba su conversión al islam suní. Malcolm sólo mencionó su religión en dos ocasiones durante su discurso en Oxford, lo que formaba parte de su esfuerzo por desactivar su imagen de "musulmán negro extremista furioso", que odiaba desde hacía tiempo. Durante el debate en Oxford, criticó la forma en que la prensa angloamericana retrataba la crisis del Congo, señalando que los Simbas eran retratados como "salvajes" caníbales primitivos que se dedicaban a todas las formas de depravación imaginables, mientras que Tshombe y los mercenarios blancos eran retratados de forma muy favorable sin apenas mencionar ninguna atrocidad por su parte.

Malcolm X denunció que los pilotos cubanos emigrados contratados por la CIA para servir como fuerza aérea de Tshombe bombardeaban indiscriminadamente aldeas y pueblos congoleños, matando a mujeres y niños, pero esto casi nunca se mencionaba en los medios de comunicación, mientras que los periódicos ofrecían largos relatos de los Simbas "violando a mujeres blancas, abusando de monjas". Asimismo, consideraba inapropiado el término mercenario, prefiriendo el de "asesino a sueldo", y que Tshombe no debía ser descrito como un premier, ya que prefería el término "asesino a sangre fría" para describirlo. Malcolm X declaró que lo que él consideraba el extremismo del gobierno de Tshombe "nunca se denominó extremismo porque está respaldado por Occidente, financiado por Estados Unidos, hecho respetable por Estados Unidos, y ese tipo de extremismo nunca se califica de extremismo".

Malcom X argumentó que este extremismo no era moralmente aceptable "ya que no es extremismo en defensa de la libertad". Muchos de los asistentes a Oxford se enfadaron por la tesis de Malcolm X y su apoyo a los Simbas, que habían cometido atrocidades, y uno de ellos preguntó: "¿Qué clase de extremismo consideraría usted el asesinato de misioneros?". En respuesta, Malcolm X contestó "Es un acto de guerra. Yo lo llamaría el mismo tipo de extremismo que ocurrió cuando Inglaterra lanzó bombas sobre ciudades alemanas y los alemanes lanzaron bombas sobre ciudades inglesas".

El 5 de febrero de 1965, Malcolm X voló de nuevo a Gran Bretaña y el 8 de febrero pronunció un discurso en la primera reunión del Consejo de Organizaciones Africanas en Londres. Al día siguiente intentó regresar a Francia, pero se le denegó la entrada. El 12 de febrero visitó Smethwick, cerca de Birmingham, donde el Partido Conservador había ganado el escaño parlamentario en las elecciones generales de 1964. La ciudad se había convertido en sinónimo de división racial después de que el candidato vencedor, Peter Griffiths, fuera acusado de utilizar el eslogan: "Si quieres un negro por vecino, vota liberal o laborista". En Smethwick, Malcolm X comparó el trato que reciben los residentes de minorías étnicas con el que recibían los judíos bajo el régimen de Hitler: "No esperaría a que el elemento fascista de Smethwick instalara hornos de gas".

Volver a Estados Unidos

Tras regresar a Estados Unidos, Malcolm X se dirigió a públicos muy diversos. Hablaba con regularidad en las reuniones celebradas por el MMI y la OAAU, y era uno de los oradores más solicitados en los campus universitarios. Uno de sus principales ayudantes escribió más tarde que "agradecía cualquier oportunidad de hablar a los estudiantes universitarios". También intervino en reuniones públicas del Partido Socialista de los Trabajadores, en su Militant Labor Forum. Robert Penn Warren le entrevistó sobre los temas de la segregación y la Nación del Islam para el libro de Warren de 1965 *¿Quién habla por los negros?*

Amenazas de muerte e intimidación de la Nación del Islam

A lo largo de 1964, a medida que se intensificaba su conflicto con la Nación del Islam, Malcolm X fue amenazado en repetidas ocasiones.

En febrero, un dirigente del Templo Número Siete ordenó poner una bomba en el coche de Malcolm X. En marzo, Muhammad dijo al ministro de Boston Louis X (más tarde conocido como Louis Farrakhan) que "a los hipócritas como Malcolm habría que cortarles la cabeza"; en la edición del 10 de abril de *Muhammad Speaks* aparecía una viñeta con la cabeza de Malcolm X rebotando y cortada.

El 8 de junio, la vigilancia del FBI grabó una llamada telefónica en la que se decía a Betty Shabazz que su marido estaba "como muerto". Cuatro días después, un informante del FBI recibió un chivatazo de que "Malcolm X va a ser liquidado". Ese mismo mes, la Nación presentó una demanda para reclamar la residencia de Malcolm X en East Elmhurst, Queens, Nueva York. Se ordenó a su familia que la desalojara, pero el 14 de febrero de 1965 -la noche anterior a una vista sobre el aplazamiento del desalojo- la casa quedó destruida por un incendio.

El 9 de julio, el ayudante de Muhammad John Ali (sospechoso de ser un agente encubierto del FBI) se refirió a Malcolm X diciendo: "Cualquiera que se oponga al Honorable Elijah Muhammad pone su vida en peligro". En el número del 4 de diciembre de *Muhammad Speaks*, Louis X escribió que "un hombre como Malcolm es digno de muerte".

El número de septiembre de 1964 de *Ebony* dramatizó el desafío de Malcolm X a estas amenazas publicando una fotografía en la que aparece sosteniendo una carabina M1 mientras se asoma por una ventana.

Malcolm X Av
Evans
St
3600 N

Asesinato

El 19 de febrero de 1965, Malcolm X dijo al entrevistador Gordon Parks que la Nación del Islam estaba intentando matarle. El 21 de febrero de 1965, se disponía a pronunciar un discurso ante la OAAU en el Audubon Ballroom de Manhattan cuando alguien de los 400 asistentes gritó: "¡Negro! Saca la mano de mi bolsillo".

Mientras Malcolm X y sus guardaespaldas intentaban sofocar los disturbios, un hombre se abalanzó sobre él y le disparó una vez en el pecho con una escopeta recortada y otros dos hombres cargaron contra el escenario disparando pistolas semiautomáticas. Malcolm X fue declarado muerto a las 15.30 horas, poco después de llegar al Columbia Presbyterian Hospital. La autopsia identificó 21 heridas de bala en el pecho, el hombro izquierdo, los brazos y las piernas, incluidas diez heridas de perdigones producidas por el disparo inicial de la escopeta.

Uno de los pistoleros, Talmadge Hayer (también conocido como Thomas Hagan), miembro de la Nación del Islam, fue golpeado por la multitud antes de que llegara la policía. Los testigos identificaron a los otros pistoleros como los miembros de la Nación Norman 3X Butler y Thomas 15X Johnson. Los tres fueron declarados culpables de asesinato en marzo de 1966 y condenados a cadena perpetua.

En el juicio, Hayer confesó, pero se negó a identificar a los otros asaltantes, excepto para afirmar que no eran Butler y Johnson.En 1977 y 1978, firmó declaraciones juradas reafirmando la inocencia de Butler y Johnson, nombrando a otros cuatro miembros de la Nación de la Mezquita nº 25 de Newark como participantes en el asesinato o en su planificación. Estas declaraciones juradas no dieron lugar a la reapertura del caso.

Butler, hoy conocido como Muhammad Abdul Aziz, obtuvo la libertad condicional en 1985 y se convirtió en el director de la mezquita de la Nación en Harlem en 1998; mantiene su inocencia. En prisión, Johnson, que cambió su nombre por el de Khalil Islam, rechazó las enseñanzas de la Nación y se convirtió al Islam suní. Liberado en 1987, mantuvo su inocencia hasta su muerte en agosto de 2009. Hayer, que también rechazó las enseñanzas de la Nación mientras estaba en prisión y se convirtió al Islam suní, es conocido hoy como Mujahid Halim. Salió en libertad condicional en 2010.

En 2021, Muhammad Abdul Aziz y Khalil Islam (anteriormente Norman 3X Butler y Thomas 15X Johnson) fueron exonerados de sus condenas por asesinato, tras una revisión que determinó que el FBI y el Departamento de Policía de Nueva York ocultaron pruebas clave durante el juicio. El 14 de julio de 2022, Aziz presentó una demanda ante el Tribunal de Distrito de Brooklyn contra la ciudad de Nueva York, solicitando 40 millones de dólares por daños y perjuicios relacionados con su encarcelamiento injusto.

Les Payne y Tamara Payne, en su biografía ganadora del Premio Pulitzer *The Dead Are Arising: The Life of Malcolm X*, afirman que los asesinos eran miembros de la mezquita de la Nación del Islam de Newark, Nueva Jersey: William 25X (también conocido como William Bradley), que disparó la escopeta; Leon Davis; y Thomas Hayer.

Funeraria

Al velatorio, celebrado del 23 al 26 de febrero en la funeraria Unity de Harlem, asistieron entre 14.000 y 30.000 personas. Para el funeral, celebrado el 27 de febrero, se instalaron altavoces para la multitud congregada en el exterior del Faith Temple of the Church of God in Christ de Harlem, con capacidad para mil personas, y una cadena de televisión local retransmitió la misa en directo.

Entre los líderes de los derechos civiles que asistieron se encontraban John Lewis, Bayard Rustin, James Forman, James Farmer, Jesse Gray y Andrew Young. El actor y activista Ossie Davis pronunció el panegírico, describiendo a Malcolm X como "nuestro brillante príncipe negro... que no dudó en morir porque nos amaba tanto":

Hay quienes considerarán que es su deber, como amigos del pueblo negro, decirnos que lo vilipendiemos, que huyamos, incluso de la presencia de su memoria, que nos salvemos escribiéndolo fuera de la historia de nuestros tiempos turbulentos. Muchos se preguntarán qué tiene que honrar Harlem a este tormentoso, controvertido y audaz joven capitán, y nosotros sonreiremos. Muchos dirán que nos alejemosde este hombre, porque no es un hombre, sino un demonio, un monstruo, un subversor y un enemigo del hombre negro, y nosotros sonreiremos. Dirán que es un odioso, un fanático, un racista, que sólo puede traer el mal a la causa por la que lucháis. Y nosotros responderemos y les diremos: ¿Alguna vez hablaste con el hermano Malcolm? ¿Alguna vez lo tocaste o te sonrió? ¿Alguna vez lo escucharon de verdad? ¿Alguna vez hizo algo malo? ¿Estuvo alguna vez relacionado con la violencia o con algún disturbio público? Si así fuera, le conocerías. Y si lo conocieras sabrías por qué debemos honrarlo.... Y, al honrarle, honramos lo mejor de nosotros mismos.

Malcolm X fue enterrado en el cementerio Ferncliff de Hartsdale, Nueva York. Los amigos cogieron las palas de los sepultureros para completar ellos mismos el entierro.

La actriz y activista Ruby Dee y Juanita Poitier (esposa de Sidney Poitier) crearon el Committee of Concerned Mothers (Comité de Madres Preocupadas) con el fin de recaudar fondos para un hogar para su familia y para la educación de sus hijos.

Ed Bagwell

Journey's End: On return from five-week tour of the Middle East and West Africa, bewhiskered black nationalist spokesman Malcolm X fondly greets daughter, Ilysah, at New York's Kennedy International Airport. Weary traveler said trip gave him a "much broader scope" on life.

Reacciones

Las reacciones al asesinato de Malcolm X fueron diversas. En un telegrama a Betty Shabazz, Martin Luther King Jr. expresó su tristeza por "el espantoso y trágico asesinato de su marido". Dijo:

Aunque no siempre coincidíamos en los métodos para resolver el problema racial, siempre sentí un profundo afecto por Malcolm y consideré que tenía una gran capacidad para poner el dedo en la llaga sobre la existencia y la raíz del problema. Era un elocuente portavoz de su punto de vista y nadie puede dudar sinceramente de que Malcolm sentía una gran preocupación por los problemas a los que nos enfrentamos como raza.

Elijah Muhammad dijo en la convención anual del Día del Salvador, celebrada el 26 de febrero, que "Malcolm X consiguió justo lo que predicaba", pero negó cualquier implicación en el asesinato. "No queríamos matar a Malcolm y no intentamos matarlo", dijo Muhammad, y añadió: "Sabemos que esas enseñanzas ignorantes y necias le llevarían a su propio fin".

El escritor James Baldwin, que había sido amigo de Malcolm X, se encontraba en Londres cuando se enteró de la noticia del asesinato. Respondió con indignación a los periodistas que le entrevistaban, gritando: "¡Habéis sido vosotros! Por vuestra culpa -los hombres que crearon esta supremacía blanca- este hombre ha muerto. No sois culpables, pero lo habéis hecho.... Vuestras fábricas, vuestras ciudades, vuestra violación de un continente empezaron todo esto".

El *New York Post* escribió que "incluso sus críticos más agudos reconocieron su brillantez: a menudo salvaje, impredecible y excéntrico, pero sin embargo poseedor de una promesa que ahora debe permanecer sin realizar". *The New York Times* escribió que Malcolm X era "un hombre extraordinario y retorcido" que "convirtió muchos dones verdaderos en propósitos malvados" y que su vida fue "extraña y lastimosamente desperdiciada". *Time* lo llamó "un demagogo desvergonzado" cuyo "credo era la violencia".

Fuera de Estados Unidos, sobre todo en África, la prensa se mostró comprensiva. El *Daily Times de Nigeria* escribió que Malcolm X "tendría un lugar en el palacio de los mártires". El *Ghanaian Times* lo comparó con John Brown, Medgar Evers y Patrice Lumumba, y lo contó entre "una multitud de africanos y estadounidenses mártires de la causa de la libertad".

En China, el Diario *del Pueblo* describió a Malcolm X como un mártir asesinado por los "círculos gobernantes y racistas" de Estados Unidos; su asesinato, escribía el periódico, demostraba que "para enfrentarse a los opresores imperialistas, hay que responder a la violencia con violencia". El *Guangming Daily*, también publicado en Pekín, afirmaba que "Malcolm fue asesinado porque luchaba por la libertad y la igualdad de derechos". En Cuba, *El Mundo* describió el asesinato como "otro crimen racista para erradicar por la violencia la lucha contra la discriminación."

En una columna semanal que escribía para el *New York Amsterdam News*, King reflexionaba sobre Malcolm X y su asesinato:

Malcolm X saltó a la palestra como figura pública en parte a raíz de un documental de televisión titulado *El odio que produjo el odio*. Ese título apunta a la naturaleza de la vida y la muerte de Malcolm.

Malcolm X era claramente un producto del odio y la violencia invertidos en la maltrecha existencia del negro en esta nación....

En su juventud, no había esperanza, ni predicación, ni enseñanza, ni movimientos de no violencia....

Es un testimonio de la profundidad e integridad personales de Malcolm que no pudiera convertirse en un zar del hampa, sino que recurriera una y otra vez a la religión en busca de sentido y destino. Malcolm seguía cambiando y creciendo en el momento de su brutal y absurdo asesinato....

Al igual que el asesinato de Lumumba, el de Malcolm X priva al mundo de un líder potencialmente grande. No podía estar de acuerdo con ninguno de estos hombres, pero veía en ellos una capacidad de liderazgo que podía respetar, y que apenas empezaba a madurar en juicio y estadismo.

Acusaciones de conspiración

A los pocos días, la cuestión de quién era el responsable del asesinato se estaba debatiendo públicamente. El 23 de febrero, James Farmer, líder del Congreso por la Igualdad Racial, anunció en una conferencia de prensa que los culpables eran los traficantes de drogas locales, y no la Nación del Islam. Otros acusaron a la policía de Nueva York, al FBI o a la CIA, citando la falta de protección policial, la facilidad con la que los asesinos entraron en el salón de baile Audubon y el hecho de que la policía no preservara la escena del crimen. Earl Grant, uno de los socios de Malcolm X que estuvo presente en el asesinato, escribió más tarde:

En la década de 1970, el público se enteró de COINTELPRO y otros programas secretos del FBI establecidos para infiltrarse y desbaratar organizaciones de derechos civiles durante las décadas de 1950 y 1960.

Louis Lomax escribió que John Ali, secretario nacional de la Nación del Islam, era un antiguo agente del FBI. Malcolm X había confiado a un periodista que Ali exacerbó las tensiones entre él y Elijah Muhammad y que consideraba a Ali su "archienemigo" dentro de la dirección de la Nación del Islam. Ali se reunió con Talmadge Hayer, uno de los hombres condenados por el asesinato de Malcolm X, la noche anterior al asesinato.

La familia Shabazz se encuentra entre quienes han acusado a Louis Farrakhan de estar implicado en el asesinato de Malcolm X. En un discurso pronunciado en 1993, Farrakhan pareció reconocer la posibilidad de que la Nación del Islam fuera responsable:

¿Malcolm era su traidor o el nuestro? Y si tratamos con él como una nación trata a un traidor, ¿qué *demonios* te importa a ti? Una nación tiene que ser capaz de lidiar con traidores, asesinos y traidores.

En una entrevista de *60 Minutes* emitida en mayo de 2000, Farrakhan declaró que algunas cosas que había dicho podían haber provocado el asesinato de Malcolm X. "Puede que haya sido cómplice de las palabras que pronuncié", dijo, y añadió: "Lo reconozco y lamento que cualquier palabra que haya dicho haya causado la pérdida de la vida de un ser humano". Unos días después, Farrakhan negó haber "ordenado el asesinato" de Malcolm X, aunque volvió a reconocer que "creó la atmósfera que finalmente condujo al asesinato de Malcolm X".

No se ha llegado a un consenso sobre quién fue el responsable del asesinato. En agosto de 2014, se inició una petición en línea utilizando el mecanismo de peticiones en línea de la Casa Blanca para pedir al gobierno que hiciera públicos, sin alteraciones, todos los archivos que aún conservara relacionados con el asesinato de Malcolm X. En enero de 2019, miembros de las familias de Malcolm X, John F. Kennedy, Martin Luther King Jr. y Robert F. Kennedy se encontraban entre las decenas de estadounidenses que firmaron una declaración pública pidiendo una comisión de la verdad y la reconciliación para persuadir al Congreso o al Departamento de Justicia de que revisaran los asesinatos de los cuatro líderes durante la década de 1960.

En una rueda de prensa celebrada el 21 de febrero de 2021, a la que asistieron tres de las hijas de Malcolm X y miembros de la familia del agente encubierto de la policía de Nueva York fallecido Raymond Wood, se dio a conocer su carta póstuma autorizada, en la que se afirmaba en parte: "Me dijeron que animara a los líderes y miembros de los grupos de derechos civiles a cometer actos delictivos". *The Guardian* informa que "Los arrestos impidieron que los dos hombres dirigieran la seguridad de la puerta en el Audubon Ballroom en Washington Heights el día del tiroteo, según la carta." El 26 de febrero de 2021, la hija de Raymond Wood, Kelly Wood, declaró que la carta presentada en la rueda de prensa del 21 de febrero es falsa. Kelly Wood declaró que la carta fue creada por su primo Reggie Wood para llamar la atención y vender libros.

A principios de 2023, miembros de la familia de Malcolm X dijeron que presentarían una demanda por homicidio culposo por valor de 100 millones de dólares contra la CIA, el FBI, la policía de Nueva York y otras entidades por la presunta ocultación de pruebas relacionadas con el asesinato y por su supuesta implicación en el mismo. El abogado que representa a la familia es Benjamin Crump.

Filosofía

Salvo su autobiografía, Malcolm X no dejó ningún escrito publicado. Su filosofía se conoce casi exclusivamente por los numerosos discursos y entrevistas que pronunció desde 1952 hasta su muerte. Muchos de esos discursos, especialmente los del último año de su vida, fueron grabados y publicados.

Creencias de la Nación del Islam

Mientras fue miembro de la Nación del Islam, Malcolm X enseñó sus creencias, y sus declaraciones comenzaban a menudo con la frase "El Honorable Elijah Muhammad nos enseña que...". Ahora es prácticamente imposible discernir si las creencias personales de Malcolm X divergían entonces de las enseñanzas de la Nación del Islam. Tras abandonar la Nación en 1964, se comparó a sí mismo con un muñeco de ventrílocuo que sólo podía decir lo que Elijah Muhammad le decía que dijera.

Malcolm X enseñaba que los negros eran el pueblo originario del mundo y que los blancos eran una raza de demonios creados por un malvado científico llamado Yakub. La Nación del Islam creía que los negros eran superiores a los blancos y que la desaparición de la raza blanca era inminente. Cuando le preguntaron por sus declaraciones de que los blancos eran demonios, Malcolm

X dijo: "La historia demuestra que el hombre blanco es un demonio". "Cualquiera que viole, y saquee, y esclavice, y robe, y lance bombas infernales sobre la gente... cualquiera que haga estas cosas no es más que un demonio", dijo.

Malcolm X afirmaba que el islam era la "verdadera religión de la humanidad negra" y que el cristianismo era "la religión del hombre blanco" impuesta a los afroamericanos por sus amos esclavistas. Decía que la Nación del Islam seguía el islam tal y como se practicaba en todo el mundo, pero que las enseñanzas de la Nación diferían de las de otros musulmanes porque estaban adaptadas a la condición "singularmente lamentable" de los negros en Estados Unidos. Enseñaba que Wallace Fard Muhammad, el fundador de la Nación, era Dios encarnado y que Elijah Muhammad era su Mensajero o Profeta.

Mientras el movimiento por los derechos civiles luchaba contra la segregación racial, Malcolm X abogaba por la separación total de los negros de los blancos. La Nación del Islam propuso la creación de un país separado para los afroamericanos en el sur o suroeste de Estados Unidos como medida provisional hasta que los afroamericanos pudieran regresar a África. Malcolm X sugirió que el gobierno de Estados Unidos debía indemnizar a los negros por el trabajo no remunerado de sus antepasados.

También rechazó la estrategia de no violencia del movimiento por los derechos civiles y abogó por que los negros se defendieran.

Opiniones independientes

Tras abandonar la Nación del Islam, Malcolm X anunció su disposición a trabajar con los líderes del movimiento por los derechos civiles, aunque abogó por algunos cambios en sus políticas. Consideraba que llamar al movimiento lucha por los *derechos civiles* mantendría la cuestión dentro de Estados Unidos, mientras que cambiar el enfoque a *derechos humanos* lo convertiría en una preocupación internacional. El movimiento podría entonces presentar sus quejas ante las Naciones Unidas, donde Malcolm X dijo que las naciones emergentes del mundo sumarían su apoyo.

Malcolm X sostenía que si el gobierno estadounidense no quería o no podía proteger a los negros, éstos debían protegerse a sí mismos. Afirmó que él y los demás miembros de la OAAU estaban decididos a defenderse de los agresores y a garantizar la libertad, la justicia y la igualdad "por cualquier medio necesario".

Malcolm X hizo hincapié en la perspectiva global que adquirió gracias a sus viajes internacionales. Destacó la "conexión directa" entre la lucha interna de los afroamericanos por la igualdad de derechos y las luchas por la independencia de las naciones del Tercer Mundo. Afirmó que los afroamericanos se equivocaban cuando pensaban que eran una minoría; a escala mundial, los negros eran mayoría.

En sus discursos en el Militant Labor Forum, patrocinado por el Partido Socialista de los Trabajadores, Malcolm X criticó el capitalismo. Después de uno de esos discursos, cuando le preguntaron qué sistema político y económico quería, dijo que no lo sabía, pero que no era casualidad que los nuevos países independientes del Tercer Mundo estuvieran virando hacia el socialismo. Cuando un periodista le preguntó qué pensaba del socialismo, Malcolm X preguntó si era bueno para los negros. Cuando el periodista le dijo que parecía serlo, Malcolm X le dijo: "Entonces estoy a favor".

Aunque ya no abogaba por la separación de los negros de los blancos, Malcolm X seguía defendiendo el nacionalismo negro, que definía como la autodeterminación de la comunidad afroamericana. Sin embargo, en los últimos meses de su vida, Malcolm X empezó a reconsiderar su apoyo al nacionalismo negro tras conocer a revolucionarios norteafricanos que, en apariencia, eran blancos.

Tras su Hajj, Malcolm X articuló una visión de los blancos y el racismo que representaba un profundo cambio con respecto a la filosofía que había apoyado como ministro de la Nación del Islam. En una famosa carta desde La Meca, escribió que sus experiencias con los blancos durante su peregrinaje le convencieron para "reorganizar" su pensamiento sobre la raza y "dejar de lado algunas de [sus] conclusiones anteriores". En una conversación con Gordon Parks, dos días antes de su asesinato, Malcolm dijo:

[Conocer a líderes como Nasser, Ben Bella y Nkrumah me hizo darme cuenta de los peligros del racismo. Me di cuenta de que el racismo no es sólo un problema de blancos y negros. Ha provocado baños de sangre en casi todas las naciones del mundo en un momento u otro.

Hermano, ¿recuerdas aquella vez que entraron en el restaurante unas universitarias blancas -la que quería que los musulmanes [negros] y los blancos se reunieran- y le dije que no había ninguna posibilidad y se fue llorando? Bueno, he vivido para lamentar ese incidente. En muchas partes del continente africano vi a estudiantes blancos ayudando a los negros. Algo así mata muchos argumentos. Hice muchas cosas como musulmán [negro] de las que ahora me arrepiento. Entonces era un zombi - como todos los musulmanes [negros]-, me hipnotizaban, me señalaban una dirección y me decían que marchara. Bueno, supongo que un hombre tiene derecho a hacer el ridículo si está dispuesto a pagar el coste. A mí me costó 12 años.

Esa fue una mala escena, hermano. La enfermedad y la locura de aquellos días: me alegro de haberme librado de ellas.

Supuesta bisexualidad

En los últimos años, algunos investigadores han afirmado que Malcolm X era bisexual. Estas afirmaciones se basan en el trabajo del fallecido historiador de la Universidad de Columbia Manning Marable y en su polémico libro de 2011 *Malcolm X: A Life of Reinvention (Malcolm X: una vida de reinvención*). En el libro, Marable afirmaba que "Malcolm X había exagerado su temprana carrera criminal y había mantenido una temprana relación homosexual con un hombre de negocios blanco."

El académico Christopher Phelps coincidió con Marable en el *Journal of American Studies*: "Malcolm Little sí participó en actos sexuales con homólogos masculinos. Si se sitúan en el contexto de las décadas de 1930 y 1940, estos actos lo sitúan no como un 'amante homosexual', como se ha afirmado, sino en el patrón del 'comercio heterosexual' -hombres heterosexuales abiertos al sexo con homosexuales-, una comprensión que a su vez permite comprender la masculinidad madura del revolucionario negro".

La familia de Malcolm X ha rechazado estas acusaciones sobre su vida personal. Su hija Ilyasah Shabazz dijo que habría sabido de estos encuentros antes de abandonar abruptamente una entrevista en NPR. Shabazz dijo: "Creo que las cosas con las que discrepo son el hecho de que dijera que mi padre tuvo una relación bisexual, un homo... ya sabes, tuvo un amante gay que era un hombre de negocios blanco mayor, creo que de unos 50 años, cuando mi padre era adolescente. Y, ya sabes, mi padre era un libro abierto. Y en realidad tenemos cuatro de los capítulos que faltan de la autobiografía. Y, ya sabes, él es muy claro en sus actividades, que nada incluía ser gay. Y, desde luego, no tenía nada en contra de los homosexuales: estaba a favor de los derechos humanos, de la justicia humana, ya sabes. Así que si hubiera tenido un encuentro gay, probablemente habría hablado de ello. Y de lo que sí habló fue del encuentro de otra persona".

Legado

Malcolm X ha sido descrito como uno de los afroamericanos más grandes e influyentes de la historia. Se le atribuye haber elevado la autoestima de los afroamericanos y haberlos reconectado con su herencia africana. Es en gran parte responsable de la difusión del islam en la comunidad negra de Estados Unidos. Muchos afroamericanos, sobre todo los que vivían en ciudades del norte y el oeste de Estados Unidos, pensaban que Malcolm X expresaba mejor sus quejas sobre la desigualdad que el movimiento por los derechos civiles. Un biógrafo afirma que, al dar expresión a su frustración, Malcolm X "dejó claro el precio que la América blanca tendría que pagar si no accedía a las legítimas demandas de la América negra".

A finales de la década de 1960, los activistas negros, cada vez más radicales, basaron en gran medida sus movimientos en Malcolm X y sus enseñanzas. El movimiento del Poder Negro, el Movimiento de las Artes Negras y la adopción generalizada del lema "Lo negro es hermoso" tienen sus raíces en Malcolm X. En 1963, Malcolm X empezó a colaborar con Alex Haley en la historia de su vida, *La autobiografía de Malcolm X. Le* dijo a Haley: "Si estoy vivo cuando salga este libro, será un milagro". Haley lo terminó y publicó unos meses después del asesinato.

A finales de los ochenta y principios de los noventa, resurgió el interés por su vida entre los jóvenes. Grupos de hip-hop como Public Enemy adoptaron a Malcolm X como icono, y su imagen se exhibió en cientos de miles de hogares, oficinas y escuelas, así como en camisetas y chaquetas. En 1986 Ella Little-Collins fusionó la Organización de Unidad Afroamericana con la Liga de Defensa Afroamericana. En 1992 se estrenó la película *Malcolm X*, una adaptación de *La autobiografía de Malcolm X*. En 1998, *Time* nombró *La autobiografía de Malcolm X* uno de los diez libros de no ficción más influyentes del siglo XX.

Malcolm X sirvió de inspiración a varios personajes de ficción. El guionista de Marvel Comics Chris Claremont confirmó que Malcolm X sirvió de inspiración para Magneto, el personaje de X-Men, mientras que Martin Luther King sirvió de inspiración para el Profesor X. Malcolm X también inspiró al personaje Erik Killmonger en la película *Pantera Negra*.

Conmemoraciones y homenajes

La casa que una vez estuvo en 3448 Pinkney Street en North Omaha, Nebraska, fue el primer hogar de Malcolm Little con su familia biológica. La casa fue derribada en

1965 por nuevos propietarios que desconocían su relación con Malcolm X. El lugar fue incluido en el Registro Nacional de Lugares Históricos en 1984. En la actualidad, el lugar está señalizado con un marcador histórico de Nebraska. La Casa Malcolm X-Ella Little-Collins, en el barrio de Roxbury de Boston (Massachusetts), donde Malcolm X vivió con su hermanastra Ella Little-Collins y comenzó a involucrarse en la Nación del Islam, se incluyó en el Registro Nacional de Lugares Históricos en 2021. Se han llevado a cabo varios estudios arqueológicos en los terrenos de la casa y se están realizando esfuerzos para preservar el lugar.

En Lansing, Michigan, se erigió en 1975 un marcador histórico en la casa de la infancia de Malcolm Little. La ciudad también alberga la Academia El-Hajj Malik El-Shabazz, una escuela pública concertada con un enfoque afrocéntrico. La escuela se encuentra en el edificio donde Little cursó sus estudios primarios.

En ciudades de todo Estados Unidos, el cumpleaños de Malcolm X (19 de mayo) se conmemora como el Día de Malcolm X. La primera celebración conocida del Día de Malcolm X tuvo lugar en Washington, D.C., en 1971. La ciudad de Berkeley, California, reconoce el cumpleaños de Malcolm X como día festivo en toda la ciudad desde 1979.

Muchas ciudades han rebautizado calles con el nombre de Malcolm X. En 1987, el alcalde de Nueva York, Ed Koch, proclamó la avenida Lenox de Harlem Malcolm X Boulevard. En 1985 se cambió el nombre de la avenida Reid de Brooklyn (Nueva York) por el de Malcolm X Boulevard. En Brooklyn también está el parque infantil El Shabazz, que lleva su nombre. New Dudley Street, en el barrio de Roxbury de Boston, pasó a llamarse Malcolm X Boulevard en la década de 1990. En 1997, la avenida Oakland de Dallas (Texas) pasó a llamarse Malcolm X Boulevard. Main Street, en Lansing (Michigan), pasó a llamarse Malcolm X Street en 2010. En 2016, Ankara (Turquía) rebautizó con el nombre de Malcolm X la calle en la que Estados Unidos está construyendo su nueva embajada.

Decenas de centros de enseñanza llevan el nombre de Malcolm X, como el Malcolm X Shabazz High School de Newark (Nueva Jersey), el Malcolm Shabazz City High School de Madison (Wisconsin), el Malcolm X College de Chicago (Illinois) y la El-Hajj Malik El-Shabazz Academy de Lansing (Michigan). La Universidad de Liberación Malcolm X, basada en las ideas panafricanistas de Malcolm X, se fundó en 1969 en Carolina del Norte.

En 1996 se inauguró la primera biblioteca con el nombre de Malcolm X, la Malcolm X Branch Library and Performing Arts Center del sistema de bibliotecas públicas de San Diego.

El Servicio Postal de Estados Unidos emitió un sello de correos de Malcolm X en 1999. En 2005, la Universidad de Columbia anunció la apertura del Malcolm X and Dr. Betty Shabazz Memorial and Educational Center. El monumento se encuentra en el salón de baile Audubon, donde Malcolm X fue asesinado. El Centro Schomburg de Investigación de la Cultura Negra y la Biblioteca Robert W. Woodruff conservan colecciones de documentos de Malcolm X.

Tras una iniciativa impulsada por la comunidad, el Conrad Grebel University College de Canadá (afiliado a la Universidad de Waterloo) puso en marcha en 2021 la *Beca Malcolm X de Estudios sobre* la Paz y los Conflictos para apoyar a los estudiantes negros e indígenas matriculados en su programa de Máster en Estudios sobre la Paz y los Conflictos.

Otros libros de United Library

https://campsite.bio/unitedlibrary

SCAN ME

Milton Keynes UK
Ingram Content Group UK Ltd.
UKHW020644101123
432322UK00020B/902